QUESTION DES CHEMINS DE FER.

COMPAGNIES D'ORLÉANS ET DU CENTRE.

OBSERVATIONS

PRÉSENTÉES

A L'ASSEMBLÉE NATIONALE

SUR LE PROJET DE REPRISE

DES CHEMINS DE FER PAR L'ÉTAT.

PARIS

IMPRIMERIE CENTRALE DES CHEMINS DE FER, DE NAPOLÉON CHAIX ET Cie,

Rue Bergère, 8, près le boulevart Montmartre.

1848

SOMMAIRE.

QUESTION DES CHEMINS DE FER

COMPAGNIES D'ORLÉANS ET DU CENTRE.

OBSERVATIONS

PRÉSENTÉES

A L'ASSEMBLÉE NATIONALE,

SUR

LE PROJET DE LOI POUR LA REPRISE DES CHEMINS DE FER PAR L'ÉTAT.

M. le ministre des finances a présenté à l'Assemblée nationale, le 17 de ce mois, un projet de loi ayant pour objet d'enlever d'urgence, et pour cause d'utilité publique, la possession des chemins de fer aux compagnies qui en sont concessionnaires.

Les compagnies concessionnaires des chemins de fer d'Orléans et du Centre viennent à leur tour, et pour ce qui les concerne, demander à l'Assemblée nationale le rejet de ce projet de loi.

Dans les circonstances présentes, il est un fait qu'il importe de constater avant tout, c'est que l'intérêt des travailleurs, intérêt qui doit dominer tous les autres en ce moment, n'est engagé ni directement ni indirectement dans la question de reprise des chemins de fer d'Orléans et du Centre :

Parce que le chemin d'Orléans est complétement achevé depuis longtemps ;

Parce que, sur le chemin du Centre, il ne reste plus à terminer qu'une section représentant la septième partie environ de la longueur totale, et que les travaux de construction, qui pourront durer deux campagnes, ont été commencés le mois dernier par l'Etat chargé de les exécuter à ses frais.

Les compagnies concessionnaires des deux chemins, après avoir écarté comme entièrement inapplicable cette première considération, viennent discuter et combattre les autres motifs invoqués par M. le ministre des finances à l'appui du projet de loi, en établissant les quatre propositions suivantes :

1° La propriété est sacrée.

Les concessions de chemins de fer, divisées en actions de 500 fr. au porteur entre des milliers de citoyens de toute condition, sont une propriété essentiellement démocratique.

C'est la plus respectable de toutes les propriétés, parce qu'elle a été constituée directement par la puissance publique, non à titre gratuit, mais à titre onéreux, après les débats les plus solennels, renouvelés cinq ou six fois depuis dix ans dans le sein des chambres.

2° Les contrats sont inviolables.

Les contrats qui ont fondé cette propr été ont déterminé le temps, le mode, le prix et les autres conditions pour la reprise par l'Etat des chemins de fer concédés.

Ces contrats doivent être religieusement exécutés. L'Etat ne peut pas en changer les conditions sans le concours et à plus forte raison contre la volonté des concessionnaires.

La loi elle-même ne peut pas les changer, parce que si une loi peut modifier une loi, un contrat seul peut modifier un contrat.

Or le projet de loi proposé changerait, de la manière la plus préjudiciable pour les actionnaires, non-seulement les conditions de temps, mais encore les conditions de prix sur la foi desquelles ils ont contracté.

Les compagnies d'Orléans et du Centre ont loyalement exécuté tous leurs engagements envers l'État. Elles demandent que l'État remplisse à son tour ses engagements envers elles.

3° Les concessions de cette nature ne peuvent se racheter par voie d'expropriation pour cause d'utilité publique.

La raison en est évidente.

C'est que les chemins sont dès à présent une propriété publique, affectée à un service public; c'est que les compagnies sont de simples entrepreneurs de ce service public, pendant un temps que l'Etat peut réduire à quinze années, et moyennant un mode de rétribution convenu.

Les concessions ne peuvent pas non plus être révoquées sous prétexte d'inaliénabilité du domaine public, parce qu'on ne peut dénier à l'Etat, ni le droit d'imposer une taxe au public, d'abord pour le passage sur le chemin, ensuite pour la traction ou le transport quand il en fait les frais, — ni le droit de déléguer à un particulier la perception de cette taxe quand elle a été réglée législativement.

4° Lors même que l'expropriation pourrait être appliquée à une concession de ce genre, l'utilité publique, qui seule peut la justifier, n'existerait, pour les concessions des chemins d'Orléans et du Centre :

— Ni au point de vue de l'intérêt moral ou pécuniaire de l'État ;
— Ni au point de vue des travailleurs ;
— Ni au point de vue de l'intérêt du peuple ;
— Ni au point de vue de l'intérêt du commerce et de l'industrie ;
— Ni au point de vue de l'ordre et de la police intérieure des compagnies.

L'objet de ce mémoire est de justifier les différentes propositions qui précèdent.

§ Ier.

La propriété est sacrée.
La concession des chemins de fer d'Orléans et du Centre constitue pour les actionnaires la plus respectable de toutes les propriétés.

Aujourd'hui, certaines opinions avancées vont jusqu'à attaquer la propriété comme un abus contraire à la loi naturelle de l'égalité, comme un privilége antisocial établi par les lois humaines dans un but purement politique.

Partout où ces opinions se produisent à découvert et sous leur véritable nom, le bon sens public les repousse, en proclamant que la propriété est de droit naturel ; qu'elle repose sur une loi antérieure et supérieure à toutes les lois humaines ; qu'elle est le premier besoin de la famille libre, la première condition de la société libre, le premier résultat du travail libre.

Cependant les partisans de la doctrine nouvelle poursuivent ouvertement la réforme sociale qu'ils ont entreprise. Ils veulent faire disparaître toutes les propriétés privées et constituer une seule propriété commune dans la main de l'État, sans s'apercevoir qu'ils nous ramèneraient ainsi à quelque chose d'à peu près semblable à la tyrannie du pacha d'Égypte.

Mais avant d'attaquer la propriété individuelle et pour y préparer les esprits, ils commencent par attaquer la propriété d'association, les compagnies des chemins de fer, les compagnies d'assurances, les grandes entreprises de mines, de forges, d'éclairage, etc.

Nous sommes bien éloignés assurément d'accuser ici ni le gouvernement, ni M. le ministre des finances en particulier, de partager des erreurs aussi déplorables, aussi dangereuses pour la paix publique ; mais nous sommes obligés de faire remarquer qú'à leur insu, sans doute, le projet de loi du 17 mai va droit au même but en partant des mêmes idées, c'est-à-dire que sans l'étendre, quant à présent, à toutes les valeurs dont nous venons de parler, il pose le principe et l'applique à la plus considérable de toutes ces valeurs, à une valeur représentant plus d'un milliard, répartie entre des centaines de milliers de citoyens.

Une seule pensée domine en effet dans l'Exposé des motifs de ce projet : c'est que la propriété des concessions de chemins de fer est inconciliable avec la société démocratique, telle qu'elle est désormais constituée en France.

Pourquoi ?

Parce que, sinon par sa nature, du moins par sa *tenure*, cette propriété est essentiellement *aristocratique*.

Voilà le principe de la loi, longuement expliqué d'ailleurs par l'Exposé des motifs.

Or, nous disons qu'avec ce principe il n'y a pas de propriété possible.

Et il suffit de quelques mots pour le démontrer.

Il est évident, en effet, que, par sa nature, par cela seul que les actions sont de 500 fr., au porteur, et cotées à la Bourse comme les fonds publics, cette propriété se prête à la division, à la mutation, beaucoup plus que toute espèce de propriété foncière, beaucoup plus même qu'une rente constituée, qu'une obligation ou toute autre propriété mobilière. — En fait, aucune propriété ne subit des mutations plus fréquentes. Cela ne saurait être contesté.

Par sa *tenure*, c'est-à-dire par la manière dont elle est possédée, huit années d'existence pour la Compagnie d'Orléans, quatre années pour la Compagnie du Centre, l'ont amenée à un tel état de division que les 6/10es des actionnaires ne possèdent pas dix actions, et que le 20e seulement des actionnaires du Centre, que le 40e des actionnaires d'Orléans possèdent 204 actions et au-dessus.

— 5 —

D'ailleurs, M. le ministre des finances commet ici une si grave erreur, qu'il est impossible de ne pas la relever.

Pour qu'une propriété soit considérée comme *aristocratique*, il ne suffit pas qu'elle puisse se trouver, à un jour donné, réunie, pour un chiffre considérable, dans une même main ; sans quoi il faudrait dire, comme le disent au surplus les communistes, que les billets de banque sont aussi un élément d'aristocratie, que la pièce de 5 fr. est la dernière de toutes les royautés à détruire.

Ce qui seul peut donner à une propriété le caractère privilégié ou aristocratique, c'est l'impossibilité de l'aliéner, c'est l'obligation de la conserver et de la transmettre ; ce sont les substitutions, les mains-mortes, etc., etc., toutes conditions qui, depuis un demi-siècle, ne s'appliquent pas même à la propriété immobilière en France ; qui, par nature, n'ont jamais pu s'appliquer à la propriété mobilière ; qui sont plus inapplicables aux actions de chemins de fer qu'à aucune autre propriété, puisque tous les chemins de fer peuvent être repris par l'État, à toute époque, après quinze années d'existence.

Présenter les actionnaires des chemins de fer comme des *aristocrates*, c'est donc dénaturer les faits ; c'est pire encore, c'est, avec un mot depuis longtemps vide de sens, ameuter l'opinion publique contre une classe de citoyens ; c'est exposer, c'est désigner la propriété, *quelle qu'elle soit*, aux attaques des masses qui sont toujours prêtes à traduire les théories en voies de fait.

Aux raisons qui précèdent ajoutons un fait décisif. Si l'Angleterre est aristocraque, les États-Unis ne le sont pas.

La France n'a pas à leur donner, elle peut leur demander au contraire des leçons en matière d'institutions démocratiques. — Or les Etats-Unis, comme l'Angleterre, ont confié tous ou presque tous leurs chemins de fer et leurs canaux à l'industrie privée. Il y a plus ; c'est que ni l'une ni l'autre de ces deux grandes nations n'a craint de compromettre, ni les libertés publiques, ni les intérêts commerciaux en accordant toutes ces concessions, non pour quinze années seulement, mais à perpétuité (1).

M. le ministre des finances a donc placé la question des compagnies de chemin

(1) « Aux États-Unis, disait M. Gallos, dans la discussion de la loi sur le chemin d'Orléans (*Moniteur* » du 10 juin 1840), aux États-Unis, l'individualisme est la base de la constitution, et quoique jeune, *le* » *Peuple est habitué à faire tout par lui-même ;* le gouvernement n'y est qu'un intendant soumis au con- » trôle du maître. »

de fer là où elle n'est pas, là où personne ne l'a jamais placée dans aucun temps ni dans aucun pays.

Par contre, il a complétement négligé le point de vue sous lequel elle a été reproduite, six fois au moins depuis dix ans, dans les discussions les plus graves et les plus solennelles des chambres législatives.

Le débat, et il faut le replacer sur son terrain véritable, n'existe pas entre la démocratie et l'aristocratie ; il est entre l'esprit de centralisation administrative et l'esprit d'association industrielle, entre l'intérêt de l'administration et l'intérêt des contribuables.

C'est précisément à l'occasion du chemin de fer d'Orléans que ce débat s'engagea en 1837 entre les deux systèmes contraires qui se trouvèrent en présence dès le premier jour.

Le projet de loi proposait la concession par voie d'adjudication.

La commission de la Chambre des députés conclut en faveur du projet, et voici les considérations que M. Cordier, rapporteur, faisait valoir en faveur du système de l'exécution par les compagnies.

« Plusieurs orateurs ont proposé de faire exécuter aux frais du Trésor les gran-
» des lignes de chemin de fer.....

» Il est d'abord à remarquer que les chemins de fer, dans tous les États d'Eu-
» rope et d'Amérique, à une seule exception près qui confirme la règle comme
» on en jugera, sont exécutés par des associations, et qu'on leur accorde des
» *concessions perpétuelles* et *des tarifs assez élevés afin de les encourager* et
» d'assurer le remboursement du capital et des frais d'exploitation.....

» Le système d'une centralisation administrative absolue, dirigeant de la capi-
» tale les forces productives des provinces, semble recommandé par le prestige
» d'une époque glorieuse ; mais le règne d'une puissance gouvernementale ex-
» clusive n'a-t-il pas toujours été de courte durée ? Avec un pareil sytème on
» construit des canaux qui ne s'achèvent pas ou qui ne rendent aucun produit.
» Plus on entreprend de tels travaux, plus les impôts augmentent, plus le pays
» s'appauvrit et plus les provinces éloignées se détachent du pouvoir.

» Le système contraire, ou le concours des associations dans l'exécution des tra-
» vaux publics, est simple dans son organisation, rapide dans son action, fécond
» en prodiges.....

» En réglant, en encourageant en France les associations de propriétaires, sur-
» tout dans un tel but, en peu d'années on assurerait l'exécution des grands che-
» mins de fer et de tous les ouvrages utiles.

» Le Gouvernement aidant, la lumière serait si prompte, le changement d'opi-

» nion si rapide, que chacun voudrait prendre part dans les entreprises nou-
» velles et user de son influence pour assurer le succès de tous les travaux néces-
» saires à la puissance nationale.

» Nous devons le déclarer avec franchise : si les projets de chemin de fer pré-
» sentés sont ajournés, et pour les exécuter aux frais du Trésor, les conséquen-
» ces en seront désastreuses. On ne saurait, en droit, imposer les cantons en mon-
» tagne, éloignés, pauvres, sans chemins vicinaux praticables, pour créer dans
» les contrées les plus riches des chemins de fer que des compagnies offrent
» d'entreprendre sans subvention.....

» Faire payer les travaux publics par ceux qui en profitent est le principe fon-
» damental qui dirige l'administration des États bien réglés.

» Ce principe, rappelé par les lois d'une haute sagesse de nos premières assem-
» blées, fut plus tard méconnu par l'influence funeste d'une faction représenta-
» tive dérisoire, qui donnait aux improvisateurs brillants et hardis, étrangers à
» toute spécialité, le monopole de tous les pouvoirs, la distribution de tous les
» emplois, la rédaction de toutes les lois, au détriment du souverain et du pays.
» De ce désordre législatif sont nées nos fréquentes révolutions, des contributions
» et des dettes croissantes, et toutes les difficultés de nos temps meilleurs.

» Hâtons-nous de revenir aux principes tutélaires d'une bonne législation des
» travaux publics, en votant l'exécution de toutes les entreprises, comme celle
» du chemin de fer de Paris à Orléans, qui n'exige aucun sacrifice du Trésor et
» du pays.

» Cette œuvre *de 25 millions*, créée au cœur du royaume en peu d'années et
» par des particuliers, révèlera la puissance des associations, la confiance de la
» France dans son avenir, la nature et la force des obstacles qui ont tenu jusqu'à
» ce jour comme enchaînés et rendu stériles tous les éléments de richesse et de
» grandeur. »

Par des motifs que nous ne chercherons pas à expliquer, le projet resta à
l'état de rapport.

L'année suivante, le 15 février 1838, un nouveau projet fut présenté ; mais,
par une contradiction inexplicable, il fut présenté dans le système diamétralement contraire, celui de l'exécution par l'État.

Ce projet posait la question de principe d'une manière d'autant plus générale qu'il s'appliquait à tout le grand réseau des chemins de fer de France sur
une étendue de 4,400 kil.

L'importance de cette loi détermina la Chambre à nommer une commission de
dix-huit membres au lieu de neuf. Cette grande commission se prononça d'une

manière si tranchée contre l'exécution par l'État et en faveur de l'exécution par les compagnies et de la concession directe, que, toute transaction ayant été repoussée par le ministre des travaux publics, M. Martin (du Nord), et par M. le président du conseil, M. Molé, elle conclut, malgré les inconvénients d'un nouvel ajournement, au rejet pur et simple du projet de loi.

Nous ne rappelerons ici que d'un seul mot le rapport si complet, si remarquable présenté par M. Arago à la Chambre des députés, le 24 avril 1838, au nom de la grande commission.

La discussion dura quatre jours et le projet fut rejeté par 196 voix contre 69.

Après cette *seconde* épreuve, si solennelle et si concluante, le gouvernement fut obligé de présenter, dans la même session, deux projets pour l'exécution des chemins de fer d'Orléans et du Havre, par voie de concession directe.

Ces deux projets furent adoptés. La loi du 7 juillet 1838 vint sanctionner le traité passé entre le gouvernement et la compagnie d'Orléans.

Pour la *troisième* fois la question était donc résolue. — Le contrat était parfait. — Il ne restait plus qu'à l'exécuter.

La Compagnie d'Orléans se mit à l'œuvre; mais la crise financière de 1839 vint arrêter ses travaux.— En 1840 elle demanda à l'Etat son appui, plutôt moral que pécuniaire, au moyen de la garantie d'intérêt.

Cette garantie lui fut accordée par la loi du 15 juillet 1840, mais après une discussion dans laquelle les deux systèmes d'exécution par l'Etat et par les compagnies se retrouvèrent encore en présence. — L'occasion était favorable pour montrer les compagnies réduites à l'impuissance, et pour leur imputer ce qui n'était que le résultat de la situation générale du pays: aussi ne la laissa-t-on pas échapper.

Mais la Chambre persista dans son opinion, et cette opinion, il faut bien le dire, fut justifiée depuis par l'événement.

M. le ministre des finances suppose, dans son Exposé des motifs, que « l'institu- » tion des compagnies financières en France devait nécessairement rencontrer » dans le pouvoir monarchique un accueil bienveillant, dans l'opinion générale » du pays une opposition clairvoyante et délibérée. »

C'est là une erreur; et, sans citer d'autre nom, nous rappellerons l'opinion si nettement exprimée par Garnier-Pagès, qui, tout en combattant la garantie d'intérêt proposée pour le chemin d'Orléans, insistait de tout son pouvoir en faveur de l'exécution par les compagnies.

« Je le répète en finissant, j'aime mieux les compagnies, parce qu'elles sont » destinées à créer cet esprit d'association qui n'existe pas en France à un degré

» suffisant; mais je dis qu'au lieu d'encourager cet esprit d'association si utile,
» vous le tuerez; que pour faire à présent deux ou trois chemins avec votre ga-
» rantie d'intérêt, vous préjugez déjà l'application de ce principe, qui pourra
» plus tard préjudicier aux intérêts du Trésor, et empêcher ainsi que les autres
» chemins ne soient faits. »

Par la loi du 15 juillet 1840, la question, posée une *quatrième* fois pour le chemin de fer d'Orléans, fut donc une *quatrième* fois résolue en faveur du système
d'exécution par l'industrie privée.

Deux ans plus tard, elle le fut encore, en principe général et pour tout le réseau
des chemins de fer, par la loi du 11 juin 1842, qui eut pour but de faire intervenir
l'Etat dans la confection des chemins de première nécessité, mais plus onéreux
que profitables, non pas directement et à l'aide de capitaux empruntés au public, mais indirectement au moyen de subventions de l'Etat ajoutées aux capitaux
de l'industrie.

Enfin, après cette *nouvelle* décision de principe, la question se reproduisit, *une
fois encore*, lorsque se présenta, en 1844, la première occasion d'appliquer la loi
du 11 juin 1842, à propos du chemin de fer de Paris à Lyon.

L'esprit de monopole, l'esprit de centralisation, tentèrent un dernier effort, un
effort désespéré, pour conserver les grandes lignes à l'administration publique.

Tout fut préparé à l'avance pour cette dernière bataille, dont le résultat devait
être décisif.

L'opinion publique fut de toutes parts soulevée contre les compagnies exploi-
tantes; on leur reprocha leurs succès; on leur fit presqu'un crime de leurs dividendes; on cria à l'inhumanité, parce qu'elles avaient des voitures découvertes,
comme si la forme même de ces voitures n'avait pas été proposée par l'administration elle-même et réglée par la loi.

Les esprits ainsi disposés, le projet de loi fut présenté, demandant un crédit
pour les travaux à exécuter par l'Etat dans le système de la loi de 1842 (terrasse-
ments et travaux d'art); mais ajournant à une autre époque, comme on l'avait
déjà fait pour le chemin du Nord, la concession à une compagnie chargée de poser
la voie de fer.

C'est dans le sein de la Chambre des députés que le combat vint s'engager de nouveau par la présentation d'un amendement.—On proposa, ce qui avait été indiqué
par l'administration dès 1837, le système des compagnies fermières, c'est-à-dire
des compagnies chargées uniquement de l'exploitation avec des baux à très-court
terme, la construction et la pose de la voie de fer étant exécutées par l'État.

Les choses en arrivèrent à ce point, que la voix du Sous-secrétaire d'État, Commissaire du roi, chargé de la défense de la loi devant la Chambre, manquant elle-même au projet du gouvernement, l'amendement en faveur des compagnies fermières fut adopté à la majorité *d'une voix* (séance du 22 juin 1844), et une somme de 62 millions fut ajoutée d'office à celle de 71 millions demandée.

La question se trouvait donc ainsi *une fois encore* renvoyée à l'appréciation du gouvernement.

Le lendemain du vote, le gouvernement vint déclarer à la Chambre, par l'organe du ministre des finances, qu'il n'entendait pas accepter cette charge pour le pays ; qu'il ne voulait pas rentrer dans le système de l'action exclusive de l'État. La Chambre, consultée de nouveau sur les allocations de crédit pour l'exécution du principe voté la veille, revint sur ce vote à une majorité très-considérable.

L'amendement finit par disparaître tout entier, et la proposition originaire fut convertie en loi le 26 juillet 1844.

En présence de ce résultat, l'administration se décida à proposer l'année suivante la mise en adjudication des deux grandes lignes du Nord, et de Paris à Lyon.

Ces deux lignes furent concédées à des compagnies chargées, non-seulement de l'exploitation, mais encore de la dépense entière de construction, sans subvention aucune de l'État.

Voilà la vérité des faits ! Si elle a échappé à M. le ministre des finances, elle sera présente au souvenir de tous les hommes qui ont pris part à cette longue et solennelle discussion.

Les Compagnies d'Orléans et du Centre en appellent à ceux-là mêmes qui, dans leur conviction intime, ont cru devoir lutter jusqu'à la fin contre le principe des concessions et contre chacune des applications de ce principe.

Tous, nous en sommes convaincus, comprennent la différence entre refuser de signer un contrat et déchirer violemment ce contrat quand une fois il a été signé, quand il est exécuté, quand des milliers de citoyens ont placé leurs économies et l'avenir de leurs familles sous sa protection et sous la protection de la foi publique.

Non-seulement nous ne déclinons pas leur jugement ; mais nous l'appelons avec confiance, parce que nous sommes aussi certains de leur justice que de leur indépendance.

Nous ne craignons pas de le dire : pas un honnête homme ne voudrait faire pour son compte et à son profit ce que le projet de loi propose de faire faire à la France.

L'Assemblée nationale, qui est la représentation vivante du pays, ne voudra pas assumer la responsabilité d'une spoliation qui atteindrait à la fois un si grand nombre de nationaux et d'étrangers engagés dans ces entreprises. — Elle ne voudra pas porter un si mortel coup à son crédit intérieur et extérieur. — Elle se souviendra que les mesures, même les plus utiles, doivent, lorsqu'elles sont en opposition avec les principes, être repoussées par une nation comme par un simple particulier.

Nous regrettons la longueur de cet exposé; mais aux vagues théories il était indispensable d'opposer les faits matériels.

Au surplus, tout ce qui précède nous dispensera de répondre, et nous nous en félicitons, à ces phrases de l'Exposé des motifs :

« La royauté constitutionnelle fut irrésistiblement entraînée à la reconstruction » d'une nouvelle aristocratie... — Il fallait une base. Où la prendre?.... Un moyen » restait : le droit de battre monnaie, la faculté de mettre en mouvement et de » dominer toutes les forces du crédit public et du crédit privé... — Et ce qui » prouve combien peu, dans la pensée du gouvernement déchu, la construction des » chemins de fer était une question de finances et d'économie, combien, au con- » traire, c'était là une question politique, c'est le nom et la position de la plus » grande partie des chefs de l'entreprise. Quels étaient-ils? Parmi quelques hommes » spéciaux.... des chevaliers d'honneur! des *familiers!* »

Qu'il nous suffise de faire ici deux réflexions :

La première, c'est que les statuts de toutes les compagnies soumettent les administrateurs à l'*élection* des actionnaires. — La seconde, c'est que le projet enlèverait non-seulement l'administration aux hommes qui en ont été chargés par l'élection, et sans traitement d'ailleurs, comme cela arrive dans les compagnies d'Orléans et du Centre; — mais encore la propriété de la concession aux actionnaires qui l'ont achetée sur le marché public, sous la foi des contrats, comme un titre au porteur dont les propriétaires antérieurs sont inconnus.

En résumé, la propriété des actions de chemins de fer n'est pas une propriété *aristocratique;* c'est une propriété essentiellement *démocratique* et par sa nature et par sa *tenure.*

Il suffit, d'ailleurs, qu'elle soit reconnue comme propriété, pour qu'elle doive être maintenue inviolable et sacrée.

Si une différence pouvait s'établir entre cette propriété et toute autre, celle-là, surtout, devrait être respectée, protégée par la Représentation Nationale, parce que c'est le pays lui-même qui l'a créée, constituée, garantie; — parce que la nation tout entière en a reçu le prix; — parce qu'il n'y aurait plus de foi publique au monde, si la France, au xixe siècle, pouvait renier ou déchirer un pareil contrat.

§ II.

Les contrats sont inviolables.

Ils ont fixé les conditions pour la reprise de l'admi-
nistration des chemins de fer par l'Etat. Ces con-
ditions ne peuvent être changées sans le concours des
deux volontés qui y ont concouru.

Si une loi peut modifier une loi, un contrat seul peut
modifier un contrat.

Ces principes n'admettent pas de discussion.

Il suffit de les énoncer et de citer les textes qui en justifient ici l'application.

L'art. 43 du cahier des charges pour la concession du chemin de fer d'Orléans est ainsi conçu :

« *A toute époque, après l'expiration des quinze premières années;* à dater du
» délai fixé par l'article premier pour l'achèvement des travaux, le gouvernement
» aura la faculté de racheter la concession entière du chemin de fer. Pour régler
» le prix du rachat, on relèvera les produits nets annuels obtenus par la Com-
» pagnie pendant les sept années qui auront précédé celle où le rachat sera effec-
» tué ; on en déduira les produits nets des deux plus faibles années, et l'on éta-
» blira le produit net moyen des cinq autres années.

» Il sera, en outre, ajouté à ce dividende moyen le tiers de son montant, si le
» rachat a lieu dans la première période de quinze années, à dater de l'époque
» où le droit est ouvert au gouvernement; un quart, si le rachat n'est opéré que
» dans la seconde période de quinze années, et un cinquième seulement pour les
» autres périodes.

» *Le produit net moyen, accru ainsi qu'on vient de le dire dans le paragraphe*
» *précédent, formera le montant d'une annuité qui sera due et payée à la Compagnie,*
» *pendant chacune des années restant à courir sur la durée de la concession.* »

Les mêmes dispositions, sauf quelques différences de détail, se retrouvent dans l'article 32 du cahier des charges pour la concession du chemin de fer du Centre.

En voici le texte :

« *A toute époque, après l'expiration des quinze premières années* , à dater du
» terme fixé par l'article 15 pour la pose de la voie de fer, le gouvernement aura
» la faculté de résilier le présent bail. Pour régler le prix de cette résiliation, on
» relèvera les produits nets annuels obtenus par la Compagnie, déduction faite

» des sommes attribuées à l'État à titre de prix de ferme, pendant les sept années
» qui auront précédé celle où la résiliation s'opérera; on en déduira les produits
» nets des deux plus faibles années, et l'on établira le produit net moyen de cinq
» autres années.

» *Ce produit net moyen formera le montant d'une annuité qui sera due et payée*
» *à la Compagnie pendant chacune des années restant à courir sur la durée*
» *du bail.*

» *Dans aucun cas, le montant de l'annuité ne sera inférieur au produit net de*
» *la dernière des sept années prises pour terme de comparaison.*

» La compagnie recevra, *en outre*, dans les trois mois qui suivront la résilia-
» tion, les remboursements auxquels elle aurait droit à l'expiration du bail,
» selon l'article 33 ci-après. »

Rien n'est plus explicite que ces dispositions :

» *A toute époque, après l'expiration des quinze premières années, le gouverne-*
» *ment aura la faculté..... »*

Donc, avant l'expiration des quinze premières années, le gouvernement n'a
pas la faculté de racheter ou de résilier.

Il ne l'a pas, parce qu'il a volontairement et formellement renoncé à l'avoir;
parce qu'il était juste, indispensable qu'il y renonçât; parce que, sans cette
renonciation formelle, il n'aurait trouvé personne qui voulût se charger de l'entreprise; parce que les dix ou les huit premières années étaient considérées par
tout le monde comme un terme d'expérimentation, passé lequel seulement on
connaîtrait le véritable produit du chemin.

En présence d'une stipulation aussi formelle et exerçant une influence aussi
directe sur la détermination du prix de rachat convenu, comment se peut-il que
le ministre des finances, parlant à l'Assemblée nationale au nom de l'État, se
contente de dire :

« Si l'État paie les chemins à leur *vraie* valeur (valeur du dernier semestre
» avant la révolution de Février!) il fait une chose parfaitement juste, et use d'un
» droit incontestable.

» Que ferez-vous en récupérant dès aujourd'hui cette partie aliénée du do-
» maine public? — *Une anticipation, voilà tout.* »

Non, ce n'est pas tout; car le prix convenu serait arbitrairement changé dans
sa base même qui a fait le principal objet du contrat.

Ainsi, la Compagnie du Centre, qui, cette année, et dès le premier trimestre de
son exploitation limitée à Châteauroux et à Bourges, réalise déjà, malgré l'in-
tervalle qui l'éloigne encore de l'Allier, malgré les perturbations résultant de la

révolution dernière, les recettes prévues par l'enquête pour les sections ouvertes, c'est-à-dire un produit net de 6,55 pour 100 ; la Compagnie du Centre qui, aux termes de son contrat, a droit à toutes les augmentations de produit jusqu'en 1865; la Compagnie du Centre recevrait, d'après l'Exposé des motifs, une indemnité que l'on dit parfaitement juste, quand on lui aurait donné, non pas l'équivalent approximatif de ce revenu futur, mais un peu moins des 3/4 de son revenu *présent*, le revenu d'un premier trimestre sur un chemin inachevé !

Sur 400 fr. versés, 6,55 p. °/₀ représentent 26 fr. 20 c. de produit net par action, et le projet de loi attribue à chaque action une rente 5 p. °/₀ de 18 fr. 58 c. seulement !

Non, ce n'est pas là respecter la foi publique ; c'est faire trop bon marché de la signature de la France; c'est compromettre trop gravement et son honneur et son crédit.

La violation du contrat est bien plus flagrante encore pour le chemin de fer d'Orléans.

L'année 1847, quatrième année d'exploitation, a donné les résultats suivants :

Intérêts aux actionnaires . . . . 1,200,000 fr. 00 c.
Part de bénéfices aux mêmes 3,819,332 19
Part de bénéfices aux employés 365,311 76
Fonds de renouvellement. . . . . 391,552 fr. 00 c.
Moins les dépenses de renouvelle-
ment pendant l'exercice, ci 210,745 56
     Différence 180,806 44   180,806 54

Le produit net de 1847 s'est donc élevé à. 5,565,450 39
Ce qui donne pour 80,000 actions, 69 fr. 568 par action.

Fussions-nous au terme fixé du 31 décembre 1858, la moyenne des cinq années restât-elle fixée au même chiffre de 69 fr. 56 c., comme le revenu de l'an dernier, encore faudrait-il, si le contrat n'est pas un vain mot, ajouter un tiers en sus à ce chiffre de 69 fr. 56 c., c'est-à-dire que l'annuité devrait être fixée à 92 fr. 75 c. par action.

Au lieu de ce chiffre de 92 fr. 75 c., prix fixé par le contrat, le ministre attribue à chaque action 50 fr. environ, c'est-à-dire qu'au lieu d'ajouter un tiers en sus au produit actuel, ainsi que le voulaient le contrat et la loi, il en retranche un quart de sa propre autorité.

Et puis, pour expliquer ce retranchement de 42 fr. 75 c. par action, pour motiver la disposition de son projet qui substitue à la base du revenu adoptée par le contrat et par la loi, cette base nouvelle et arbitraire du cours moyen des derniers six mois, il ne recule pas devant une imputation que la Compagnie d'Orléans a dû repousser dès le premier jour comme fausse et injurieuse.

Il ne craint pas de dire :

« Quant aux chemins qui donnent un revenu, et je parle des plus considéra-
» bles, je crois pouvoir dire *que le revenu* VRAI *n'est pas connu*. On a vu, par
» exemple, des compagnies distribuer des *dividendes énormes* et simultanément
» contracter des *emprunts très-lourds*. Pourquoi cette opération *contradictoire?*
» *Dans l'unique but de surélever le chiffre apparent du revenu, et d'augmenter, à un*
» *jour donné, la valeur vénale des actions*. D'autres, *obéissant à la même pensée*,
» portaient au chapitre des *dividendes* des sommes qui auraient dû être attri-
» buées au chapitre de l'*entretien*, c'est-à-dire qu'elles transformaient en *recette*
» une *dépense*. »

Le Conseil d'administration du chemin de fer d'Orléans a pu se croire désigné dans ce passage de l'Exposé des motifs; mais il a été vengé de cette injure par la manière dont elle a été sentie et relevée dans l'assemblée extraordinaire des actionnaires du 23 de ce mois.

Les Délégués soussignés ont reçu la mission expresse de repousser énergiquement devant l'Assemblée nationale cette imputation et d'en démontrer l'injustice par l'exposé des faits suivants.

Les premières études du gouvernement avaient évalué la dépense de construction du chemin de fer d'Orléans à 20,000,000.

En 1837, cette évaluation était portée à 25,000,000.

La Compagnie, mieux renseignée, a porté son capital à 40,000,000, et prévoyant dès lors l'insuffisance de ce capital, elle a demandé et obtenu la garantie de l'État sur ce chiffre avec cette explication qu'on prélèverait sur le produit brut l'intérêt et l'amortissement de l'emprunt qui pourrait être nécessaire pour achever les travaux, et mettre l'entreprise en exploitation. (Art. 1er et 2 de la loi du 15 juillet 1840.)

Dès 1842, un emprunt de 10,000,000 de francs fut reconnu indispensable. En raison de la garantie de l'État, cet emprunt fut approuvé par ordonnance royale du 22 octobre 1842.

Le chemin fut ouvert au mois de mai 1843; mais dans une entreprise de cette nature, après l'achèvement de la voie et des principaux établissements, bien des nécessités se révèlent par l'usage, et ces nécessités grandissent surtout à mesure que les prolongements viennent augmenter l'importance du service et du trafic.

Ce qui arrive pour tous les chemins devait à plus forte raison arriver pour le chemin de fer d'Orléans, dont les recettes allaient progressant par 1,200,000 ou 1,500,000 fr. chaque année.

Dès le 30 mars 1846, le Conseil d'administration annonça à l'assemblée générale des actionnaires qu'il avait cru devoir autoriser des travaux complémentaires de premier établissement, et des augmentations de matériel, pour une somme de 5,000,000 environ, et il en donnait le détail dans un tableau imprimé à la suite de son rapport, pages 38 et 39. Toutefois, les relations de la Compagnie d'Orléans avec la Compagnie du Centre lui permettant de n'avoir pas recours au public, aucun emprunt ne fut proposé.

L'année suivante, dans l'assemblée générale du 8 mars, le Conseil annonça de nouvelles dépenses de même nature autorisées jusqu'à concurrence de 4,000,000, et, dans la prévision de ce qui restait indispensable, il demanda et obtint l'autorisation d'emprunter, dans la forme qu'il jugerait convenable, jusqu'à concurrence de 10,000,000, pour subvenir, dit expressément la résolution de l'assemblée générale, aux dépenses complémentaires de premier établissement faites antérieurement au 1ᵉʳ juin 1847 et à faire ultérieurement.

A ce rapport est annexé, pages 44 et 45, un tableau expliquant tous les excédants de dépenses par nature.

Le même tableau se retrouve pages 34 et 35 à la suite du rapport du 30 mars 1848, et il montre le compte des dépenses de premier établissement s'élevant, au 25 mars, à 8,736,965 fr. 47 c. au delà du capital primitif et de l'emprunt de 1842.

D'un autre côté, le Conseil avait été également autorisé, le 8 mai 1847, à emprunter jusqu'à concurrence de 1,643,559 fr., à la charge du fonds de renouvellement (1).

Cette autorisation avait été demandée et obtenue sous la condition expresse, — d'une part, que les sommes empruntées ne pourraient être employées qu'à subvenir aux dépenses de renouvellement du matériel et de la voie, des reconstructions et grosses réparations d'édifices, et, en général, à toutes autres dépenses ne rentrant pas par leur nature soit dans les frais d'entretien ordinaire, soit dans les frais de premier établissement; — d'autre part, qu'il serait annuellement rendu compte à l'assemblée générale de ces dépenses de renouvellement.

De ces deux chefs, le conseil pouvait donc emprunter jusqu'à concurrence de 11,643,559 fr.

Au mois de mars 1847, le découvert de la Compagnie était de 6,000,000 de fr. environ; il était inférieur de beaucoup, par conséquent, au chiffre des autorisations, au montant des dépenses qui ne devaient se faire que successivement.

Cette circonstance, jointe à la crise des subsistances et à la crise financière qui

____

(1) Voir aux annexes les détails relatifs à cette opération qui font l'objet d'une notice explicative.

sévissaient à cette époque, détermina le Conseil à ajourner la consolidation de l'emprunt, et à émettre, en attendant un moment plus favorable, des Bons à ordre et à courte échéance, semblables à ceux du Trésor.

Personne ne songea à critiquer cette mesure, et les garanties qu'offrait la Compagnie étaient telles que le public prit ces valeurs avec la confiance qu'elles méritaient, c'est-à-dire comme le plus solide placement qu'il fût possible de trouver.

Le montant des Bons en circulation s'élevait à 6,613,000 au 24 février 1848 ; mais les événements survenus à cette époque paralysèrent bientôt dans les mains de la Compagnie les ressources qu'elle avait échelonnées pour faire face à ses échéances.

Avec plus de 4,000,000 de valeurs en portefeuille, elle se trouva dans l'impossibilité d'assurer son échéance du 20, qui s'élevait à près de 1,000,000 de francs.

Est-ce à cette situation que l'Exposé des motifs fait allusion quand il dit : « On a » vu des Compagnies distribuer des dividendes énormes et simultanément con-» tracter des emprunts très-lourds ; » — quand il ajoute : « Que cette opération » contradictoire a pour unique but de surélever le chiffre apparent du revenu et » d'augmenter à un jour donné la valeur vénale des actions »?

On voudrait pouvoir en douter ; car si de pareils soupçons pouvaient naître dans quelques esprits, ce ne devait pas être assurément dans l'esprit de M. le ministre des finances.

Si M. Duclerc avait pris la peine de consulter les archives mêmes de son administration en ce qui concerne la Compagnie d'Orléans, il y aurait trouvé :

1° Outre l'ordonnance royale de 1842 approbative de l'emprunt de 10,000,000, une ordonnance portant règlement d'administration publique du 20 octobre 1843, qui détermine les formes suivant lesquelles la Compagnie doit justifier vis-à-vis de l'Etat de ses frais de premier établissement, de ses frais d'entretien, et de ses recettes. Il y aurait lu (art. 5, 20 et 21) : « que la gestion financière et la compta-» bilité de la Compagnie sont soumises à la vérification des inspecteurs généraux » des finances ; — qu'à la fin de chaque année la Compagnie doit établir le » compte général de ses dépenses et le compte général de ses recettes ; — que ces » comptes, certifiés par le directeur chargé de la comptabilité de la Compagnie, et » vérifiés par le commissaire du gouvernement, doivent être soumis, dans les trois » premiers mois de l'année suivante, à l'examen d'une commission nommée par » le ministre des travaux publics, et composée de sept membres, dont deux » choisis dans la Cour des comptes et deux dans l'administration des finances ; »

Il y aurait trouvé, sous la date du 9 novembre 1844, une lettre adressée par la Compagnie au ministre des finances en même temps qu'au ministre des travaux publics, pour leur rappeler que son premier compte général et toutes les pièces à l'appui étaient à leur disposition, ainsi que le commissaire du gouvernement près la Compagnie avait été chargé de les en informer dès le 7 septembre précédent. Cette lettre, du 9 novembre, insistait pour que l'examen de ces comptes eût lieu le plus tôt possible; et la même demande a été renouvelée incidemment dans une autre lettre du 18 janvier 1845. (Voir aux annexes les deux sus-mentionnées des 7 septembre et 9 novembre 1844.)

L'ordonnance de 1843 n'ayant jamais été exécutée sur ce point, malgré les demandes réitérées de la Compagnie, le Conseil rendit compte de cette circonstance à l'assemblée générale des actionnaires dans sa réunion générale du 29 mars 1845, et pour suppléer, autant qu'il était en lui, à la vérification officielle, il demanda la nomination d'une commission d'actionnaires, à laquelle tous ses comptes seraient soumis. Cette commission fut nommée : elle se composa de deux membres de la Cour des comptes, MM. Blondel et Esquirol, et d'un banquier, M. Marcuard. (Voir aux annexes l'extrait du rapport.)

L'année suivante, après avoir consacré vingt-trois séances à l'examen de la comptabilité qui lui était soumise, cette Commission proposa *unanimement* à l'assemblée générale des actionnaires l'approbation des comptes de premier établissement arrêtés au 28 février 1845, et du compte d'exploitation rendu pour l'exercice 1844.

Son rapport, avec un tableau des dépenses de premier établissement, est imprimé à la suite du rapport du Conseil à l'assemblée générale du 30 mars 1846.

Dans les années suivantes, 1847 et 1848, la même forme a été suivie, et chaque année la Commission a pris soin de faire ressortir la distinction existant entre le compte d'exploitation et le compte de premier établissement.

Ainsi, on lit dans le rapport de la Commission du 8 mars 1847, une réfutation anticipée du reproche contenu dans l'Exposé de M. le ministre des finances.

« Il y a, Messieurs, dit ce rapport, notamment en ce qui touche les dépenses
» de matériel, une distinction importante à observer entre le service d'exploitation
» et le service de premier établissement.

» Les frais de réparation et de simple entretien appartiennent exclusivement au
» compte d'exploitation; ils sont prélevés sur les recettes de l'exercice même pen-
» dant lequel ils ont pris naissance. Les dépenses, au contraire, qui ont pour
» objet de constituer le matériel, de l'élever au niveau des besoins, de le mettre
» en rapport avec les progrès de l'entreprise, d'accroître, par exemple, le nombre
» des machines, l'étendue des terrains, l'importance des constructions; ces dé-
» penses, qui sont moins une charge qu'un témoignage de prospérité, ont leur
» place marquée dans le compte de premier établissement. Ajoutées au montant
» de la dette sociale, l'amortissement les répartit sur un plus ou moins grand

» nombre d'années de la concession. Inscrire des frais d'entretien au compte de
» premier établissement, ce serait enrichir le présent aux dépens de l'avenir ;
» faire rentrer dans le compte d'exploitation des dépenses relatives à la construc-
» tion du matériel, ce serait dégrever l'avenir au préjudice du présent. *Des re-*
» *cherches consciencieuses nous permettent d'affirmer que la part de chaque service a*
» *été rigoureusement faite dans la comptabilité soumise à notre examen.* »

Le rapport de la Commission au 30 mars 1848 n'est pas moins explicite. Voici
ses termes :

» « La Commission nommée dans la dernière assemblée générale, pour la
» vérification des comptes de 1846, m'a chargé de vous soumettre son rapport.

» L'un de ces comptes renferme les recettes et les dépenses complémentaires
» effectuées du 1er mars 1846 au 28 février 1847, pour le service de premier éta-
» blissement ;

» L'autre comprend les recettes et les dépenses effectuées pendant le cours de
» l'année 1846 , pour le service de l'exploitation.

» Les deux comptes sont rédigés et certifiés suivant les prescriptions de l'or-
» donnance du 20 octobre 1843. Ils sont accompagnés de pièces justificatives en
» bonne forme et en ordre.

» Nous établirons deux points essentiels :

» Le premier, c'est que nulle opération n'a été faite, soit pour le recouvrement,
» soit pour l'emploi des deniers de la Compagnie , sans une décision spéciale du
» Conseil d'administration ;

» Le second, *c'est que la ligne de démarcation qui doit toujours exister entre le*
» *service de premier établissement et le service d'exploitation a été maintenue ; c'est*
» *que chacun de ces deux services a recueilli toutes les ressources comme il a sup-*
» *porté toutes les charges qui lui sont propres.*

» En résumé , les résultats constatés *sur pièces* par vos commissaires sont en-
» tièrement conformes aux résultats énoncés dans le rapport du Conseil d'ad-
» ministration, sur le mouvement des affaires de la Compagnie, pendant l'année
» 1846. »

Après avoir pris de semblables précautions pour appeler sur ses actes le jugement de l'administration, des actionnaires et du public , le Conseil devait-il s'attendre aux insinuations qu'on a semblé diriger contre lui ?

Ces insinuations étaient d'autant plus dangereuses , qu'au moment où elles ont
paru, la Compagnie se trouvait placée depuis six semaines sous le séquestre.

Le public a pu croire que des faits d'une nature aussi grave n'étaient pas dé-
noncés dans un document de cette importance, sans qu'ils eussent été constatés par

les agents du ministère des finances, là où toutes les investigations étaient rendues possibles par la mesure même du séquestre.

La vérité, cependant, c'est que les Inspecteurs généraux des finances qui sont chargés, depuis le 4 avril, de vérifier la comptabilité de la Compagnie, n'ont pas même demandé la communication des comptes, tant de premier établissement que d'exploitation qui, depuis 1844, attendent l'exécution de l'ordonnance.

Ajoutons un mot, en terminant, pour expliquer cette prétendue contradiction entre contracter des emprunts et distribuer des dividendes.

Y a-t-il un commerçant, y a-t-il un propriétaire au monde qui, voulant doubler l'importance de son commerce, qui, voulant surélever d'un étage sa maison, puisse être accusé d'imprudence ou de fraude parce qu'il emprunte le capital nécessaire à la réalisation de son projet, plutôt que d'y consacrer le bénéfice ou le revenu qui le fait vivre; — parce qu'il se contente de prélever sur son bénéfice ou son revenu annuel l'intérêt et l'amortissement du capital emprunté ?

S'il en est ainsi pour un particulier, n'en est-il pas de même, à plus forte raison, pour une compagnie ?

L'emprunt sur Bons à ordre fait en 1847 par la Compagnie n'est-ce pas, sous une forme différente, mais qui ne change en rien le fond, la même opération qu'approuvait en 1842 l'ordonnance royale déjà citée ?

Qui pouvait s'attendre à voir incriminer cette opération par le ministre des finances, quand les augmentations de constructions et de matériel qu'elle avait pour objet, profitent dès à présent au public, et doivent, en définitive, faire retour gratuitement au domaine public; — quand il est de notoriété publique que le dividende de 42 fr. 70 c. par action, pour l'exercice 1847, n'a pas été payé aux actionnaires, qui ont reçu seulement un certificat de liquidation sans terme de payement déterminé ?

De tout ce qui précède, il résultera, nous l'espérons, pour l'Assemblée nationale, trois faits que nous tenions à honneur de démontrer :

1° Que si en 1847 la Compagnie a contracté des emprunts et distribué des dividendes, elle n'a fait en cela qu'une chose parfaitement simple, naturelle et licite.

2° Que si en 1848 elle n'a pas pu payer ses prêteurs, elle n'a rien payé non plus à ses actionnaires.

3° Que si M. le ministre des finances a pris pour la fixation de l'indemnité une base d'appréciation autre que celle tirée du revenu, ce n'est pas parce que les moyens lui manquaient de connaître le *revenu vrai* de la Compagnie.

En définitive, les Compagnies d'Orléans et du Centre ont fidèlement et loyalement exécuté leurs engagements. — Elles demandent que l'État exécute fidèlement et loyalement ceux qu'il a contractés envers elles, — d'abord en les maintenant en possession de leur concession, tant que le terme fixé pour la reprise n'est pas arrivé; — ensuite, lorsque la reprise aura lieu, en leur attribuant, comme seule juste indemnité, l'annuité qui, aux termes des cahiers des charges, leur est due et devra leur être payée pendant chacune des années restant à courir sur la durée de la concession.

§ III.

La concession faite aux Compagnies d'Orléans et du Centre n'est pas susceptible d'expropriation au profit de l'État pour cause d'utilité publique.

Cette proposition se démontre par elle-même.

Qu'est-ce que les chemins de fer d'Orléans et du Centre dans les mains des compagnies concessionnaires?

Est-ce une propriété publique ou une propriété privée?

C'est évidemment une propriété publique, puisqu'elle est exclusivement affectée à un service public, surveillée à ce titre par des fonctionnaires publics, dépendant dès à présent, et depuis le premier jour, du domaine public.

A quoi servirait donc l'expropriation? Sur quoi porterait-elle? A qui profiterait-elle?

La voie de fer en appartiendrait-elle plus à l'État? Le droit de se faire transporter en appartiendrait-il plus au public?

Où est la propriété privée que l'expropriation ferait rentrer à l'État?

La seule chose qui appartienne à la Compagnie, c'est le droit de se rembourser de ses frais d'exploitation et de construction sur les prix de péage et de transport que le public doit payer.

Mais ce n'est pas là une propriété susceptible d'expropriation; c'est une propriété mobilière, un simple droit de créance et pas autre chose.

Et de qui la Compagnie tient-elle ce droit? Elle le tient de l'État lui-même, qui a reconnu la dette et constitué la créance par un contrat; qui, par ce contrat, a fixé tout à la fois le prix et le mode de remboursement, en prenant pour base les produits de l'administration privée, en prenant pour terme une période de quinze ans, pendant laquelle il a renoncé formellement au système de l'administration publique.

Ici l'Exposé des motifs, après s'être posé l'objection du droit de propriété, cherche à la résoudre par deux argumentations qui se contredisent.

D'une part, il considère le droit de la Compagnie comme une propriété privée , et il l'attaque par l'expropriation.

D'autre part , il considère ce droit comme une portion inaliénable du domaine public, et il le revendique au nom du souverain.

M. le ministre se demande si en prenant les chemins de fer, l'État commet une spoliation.

« Je réponds, dit-il, que l'État ne prend pas les chemins, qu'il les achète ; » qu'ici comme partout il montre un *respect vrai* pour les droits acquis, pour la » propriété. Nous voulons purement et simplement exproprier les chemins de fer. » — Et qu'est-ce que l'expropriation , sinon la *consécration formelle du droit de* » *propriété.* »

Puis ailleurs, le ministre ajoute : « Toutes les grandes aliénations du domaine » public correspondent à des époques de faiblesse et de corruption. Les gouver- » nements forts et honnêtes se distinguent, au contraire, par leur vigilance à » garder le dépôt sacré de la puissance publique. »

Entre ces deux argumentations, il faut choisir ; car, loin de se fortifier, elles se détruisent réciproquement.

Définissons d'abord l'objet de la contestation.

Le droit que les deux Compagnies possèdent et qu'elles veulent conserver, le droit que l'État entend leur reprendre d'une manière ou d'une autre, c'est le droit de percevoir sur les voyageurs et sur les marchandises transportées, une rétribution, limitée, quant au chiffre, par des tarifs qui ont été arrêtés législative- ment ; limitée, quant à la durée, à quinze années au moins.

Si c'est là une de ces grandes aliénations du domaine public dont les preuves abondent dans l'histoire, il n'est pas besoin, pour faire rentrer ce droit à l'État, d'expropriation pour cause d'utilité publique. Il suffit de déclarer que le contrat de concession est nul, de nullité radicale ; que la loi de concession est nulle aussi, comme contraire au droit public du pays. Dans ce cas, tout ce que vous donnerez aux Compagnies en compensation des travaux exécutés, des capitaux versés, tout devra être reçu par elles comme une faveur ; car elles n'ont ni titre valable , ni droit légitime contre l'État.

Mais en même temps il faut décider en principe :

Que l'État ne peut pas, en créant un grand ouvrage d'utilité publique, comme un chemin de fer, un pont, un canal, imposer un droit de péage à ceux qui se servent de cet ouvrage, pas même pendant un espace de quinze années. Il faut dire qu'en se chargeant non seulement de l'entretien, mais encore du transport sur un chemin de fer, il n'a pas le droit d'exiger la juste rémunération de ces services.

Ou bien que ce droit de péage, ce prix de transport établis par une loi suivant l'usage de tous les temps et de tous les pays, l'Etat ne peut pas en concéder la perception à un particulier dans la limite du tarif légal.

Que, par conséquent, toutes les concessions de ce genre sont révoquées pour le passé, sont interdites pour l'avenir.

Seulement, avant de rompre aussi violemment avec l'industrie privée, avant de déchirer tous les contrats passés avec elle, toutes les lois qui ont sanctionné ces contrats, il faut qu'un gouvernement soit bien assuré de n'avoir plus besoin du concours spontané des particuliers, bien résolu à ne plus leur demander d'argent autrement que par voie de contribution et de contrainte.

Que si, au contraire, on ne peut pas dénier à l'État le droit de soumettre à un péage ou à une taxe rémunératoires, réglés législativement, certains grands ouvrages, et, à plus forte raison, certains grands services comme celui des chemins de fer ; si, d'un autre côté, on ne peut contester ni son droit de concéder à des particuliers la perception de ces péages et de ces taxes, ni l'intérêt que, moyennant ces concessions, il trouve à faire exécuter par des particuliers et à leurs frais, ces grands travaux, ces grands services qui ne pourraient pas, qui ne devraient pas toujours être exécutés avec les deniers de l'Etat, — alors, il faut reconnaître aussi que ces concessions, une fois faites, une fois stipulées dans des contrats, une fois garanties par des lois, constituent pour les concessionnaires une propriété privée, et la propriété la plus respectable de toutes les propriétés privées, puisqu'elle émane directement de la puissance publique elle-même.

Il faut reconnaître que ces concessions ne peuvent pas être retirées, pas plus par voie d'expropriation que par voie d'annulation des titres pour cause d'inaliénabilité domaniale.

Une dernière réflexion complétera ce que nous avons à dire à cet égard.

L'annulation de la concession pour cause d'inaliénabilité domaniale ne peut être motivée que sur des faits antérieurs à la concession.

Mais l'expropriation pour cause d'utilité publique, au contraire, ne peut se motiver que sur des faits postérieurs à la concession.

Or, quelles sont les raisons invoquées aujourd'hui à l'appui de la reprise des chemins de fer qui n'aient pas pu être invoquées, qui n'aient pas été réellement et effectivement invoquées avant le moment où la concession a été faite ?

Il n'y en a aucune dans l'Exposé des motifs. Il est impossible, en dehors de l'Exposé, d'en découvrir aucune.

La mesure proposée par le ministre n'est donc, en réalité, ni une expropriation pour cause d'utilité publique, ni une révocation pour cause d'inaliénabilité domaniable. Ce qu'il appelle *une anticipation dans l'exécution du contrat, et voilà tout*, n'est autre chose, à bien dire, que la violation flagrante de toutes les stipulations du contrat, la violation de la propriété, la spoliation des actionnaires dont les capitaux ont servi à la construction des chemins, et auxquels on retient ou on enlève la majeure partie du prix de remboursement convenu.

§ IV.

Si l'expropriation était possible, l'utilité publique,
qui seule peut la motiver, n'existerait pas.

Nous examinerons successivement les diverses considérations d'utilité publique qui sont plutôt indiquées que définies et démontrées par l'Exposé des motifs.

1° Intérêt moral et intérêt pécuniaire de l'État;

Le retour de la confiance, la prompte consolidation de la République, voilà le but que se propose la mesure.

« Pour atteindre ce but, montrons, dit le ministre, par une entreprise grandiose » tout à la fois et sage, que *dans l'État seul résident la force et la volonté.* »

À ce raisonnement nous opposons la sagesse des siècles.

Pour être fort, il faut savoir, avant tout, être juste.

Confiance et contrainte, ce sont deux idées diamétralement opposées.

La confiance ne se ramène pas par la violation des contrats, par l'anéantissement des lois, par la spoliation de la propriété.

Ce qui manque à la situation présente, ce n'est ni l'argent ni la force, c'est la confiance, c'est le crédit.

Pour que le crédit renaisse, pour que la confiance revienne, il faut, avant tout et surtout, que l'État, esclave de sa parole autant et plus qu'un particulier, exécute loyalement tout contrat, qu'il sache respecter et fasse respecter toute propiété.

Ajoutons un mot sur l'intérêt pécuniaire de l'État, qui aurait pu, ce semble, tenir une plus grande place dans les préoccupations du ministre des finances.

L'opération pour le Trésor se réduit à des termes simples.

Il s'agit de constituer 22,300,000 de rente 5 % pour indemniser les Compagnies des capitaux dépensés par elles.

Il s'agit, en outre, de trouver 935 millions pour exécuter les travaux restant à faire à la charge de l'État et des Compagnies.

Comment l'État pourra-t-il se procurer ces 935 millions?

Comment se procurera-t-il même les 331 millions pour lesquels il est engagé dès à présent ?

C'est une question que nous nous permettons de poser, mais qu'il est bien difficile de résoudre, quand on songe qu'en 1838 la grande Commission recula devant une dépense annoncée de 350 millions seulement.

« Pour l'État, dit le ministre, toute la question se réduit à ceci : Vaut-il mieux
» dépenser une somme de 955 millions qui sera productive, ou dépenser 331
» millions qui ne rapporteront rien du tout, sans compter les sommes qui ont
» été déjà dépensées ? »

Sans doute la question est là ; mais ce qu'il fallait prouver, c'est que les 955 millions seront productifs entre les mains de l'État.

Il y a, à la vérité, des chemins qui paient l'intérêt de leur capital et qui donnent en sus des bénéfices ; mais il y en a d'autres qui ne paient pas même l'intérêt.

Quand l'État aura fait de tout cela une moyenne, où donc est la preuve qu'il lui restera du bénéfice ? Cela est possible, mais cela n'est pas prouvé, du moins dans l'Exposé des motifs du projet de loi.

Le produit net d'ailleurs dépend de deux choses : le maintien des tarifs à un taux rémunérateur ; le maintien des dépenses sur un pied de sage économie.

Quand on a vu l'administration signifier à une Compagnie, seule juge de l'abaissement de ses tarifs au-dessous du maximum légal, qu'elle eût à diminuer d'un quart telle taxe de marchandises qui est un des principaux éléments de son trafic, le tout par ce motif que tel commissaire du gouvernement ou telle ville l'avait exigé, on peut se demander si elle aura bien la puissance de résister aux injonctions qui lui seront adressées avec insistance par ses propres agents dans un but qui l'intéressera directement.

Quand on connaît ses habitudes en matière d'exploitation et de régie, on peut prévoir que les dépenses augmenteront rapidement dans une assez forte proportion.

Il est donc permis de douter, quant à présent du moins, que les divers chemins puissent, aujourd'hui et même plus tard, couvrir par leurs recettes, d'abord leurs dépenses d'exploitation, ensuite les 22 millions de rente, enfin l'intérêt du capital énorme déjà dépensé et restant à dépenser.

En Belgique, où les frais de construction et d'exploitation sont presque moitié moindres qu'ils ne sont en France, où la population est beaucoup plus agglomérée et rapprochée, c'est à peine si le réseau des chemins de fer exploités par l'État commence à payer l'intérêt du capital dépensé.

Il est maintenant une dernière question, et c'est une question de justice.

On dit : 300 millions dépensés dans le système de la loi de 1842 ne rapportent rien à l'Etat.

Quand on ajouterait 300 millions dans le même système, ils ne lui rapporteraient pas davantage.

Dès lors il faut prendre tous les chemins, parce qu'en dépensant 900 millions au lieu de 300 millions, on aura atteint les chemins productifs, et l'excédant de recette de ceux-ci couvrira l'excédant de dépense de ceux-là.

Cela est vrai ; mais cela est-il juste ? M. le ministre des finances ne s'est certainement pas posé cette question.

2° Intérêt des travailleurs.

Nous avons établi en commençant que cet intérêt n'était engagé ni directement ni indirectement dans la reprise des chemins de fer d'Orléans et du Centre.

Nous n'avons donc rien à ajouter sur ce point en réponse à l'Exposé des motifs.

3° Intérêt du peuple.

On comprendrait l'utilité publique invoquée comme motif d'expropriation si, au lieu de parler vaguement du transport à prix réduit, dans un cas donné, et fort peu probable d'ailleurs, le ministre avait posé nettement ce grand principe : que le transport des personnes et des choses *doit être gratuit* sur tous les chemins de fer dans l'étendue du territoire de la République.

Les Compagnies ne pouvant faire le service sans rémunération, on comprendrait (le droit et les contrats réservés) que l'Etat voulût se charger du service gratuit, dont il supporterait seul tous les frais.

Mais les choses n'en sont pas là. Le ministre entend bien que le public paiera la taxe rémunératoire, après comme avant l'expropriation.

Si les tarifs restent ce qu'ils sont aujourd'hui, c'est-à-dire au point où ils s'équilibrent avec les autres prix de transport, se mesurant sur les nécessités de la consommation, le public n'a rien à gagner ni à perdre au changement de système.

Si, par impossible, l'Etat, obéissant un jour à des nécessités financières qu'on ne peut pas prévoir, surélevait les tarifs, le public y perdrait évidemment ; car avec les Compagnies cette surélévation n'est pas possible, puisqu'elle est interdite par le maximum fixé par la loi.

Si enfin l'Etat abaissait les tarifs au-dessous du taux nécessaire pour couvrir ses frais, il ferait, aux dépens de tous les citoyens qui ne voyagent pas, un avantage injuste aux citoyens voyageant à un jour donné.

Cette perspective de l'abaissement des tarifs et de leur entière suppression plaît au premier abord par ce qu'elle a de généreux ; mais elle a été examinée à fond dès l'origine, et les considérations qui l'ont fait écarter sont présentées dans toute leur force par le rapporteur de la loi présentée en 1837, M. Cordier.

« Rappelez-vous, Messieurs, dit-il, les vastes projets présentés à la tribune, soit
» de canaux nouveaux, soit de chemins de fer, rayonnant de la capitale aux extré-
» mités du royaume, tous affranchis du péage, et exécutés au moyen d'un em-
» prunt de 800 millions.

» Ces lignes de communication nouvelles qui ne peuvent suivre que les riches
» bassins de nos grands fleuves, laisseraient entre elles les départements en mon-
» tagnes et des frontières éloignées, et épuiseraient ces contrées pauvres par
» l'excès des contributions nouvelles.

» Nous obtiendrions, il est vrai, par ces grands travaux, le privilége du tran-
» sit; mais les péages sur les chemins de fer étant supprimés ou très-réduits,
» c'est en définitive la France qui acquitterait les frais de transport de ces mar-
» chandises au profit des étrangers et au détriment de nos fabriques, hors d'état
» dès lors de supporter la concurrence.

» Les chemins de fer ne sont pas des charges publiques; nul intérêt ne com-
» mande d'en réduire les péages et d'en faire supporter les dépenses par les popu-
» lations éloignées qui se seraient opposées avec énergie à leur exécution. »

Après dix années, la même réponse suffit encore aujourd'hui pour repousser l'argument ministériel tiré de l'abaissement ou de la suppression des tarifs.

Si les chemins de fer sont devenus un besoin assez général, s'ils sont distribués d'une manière assez uniforme sur toute la surface du pays pour que l'on puisse imposer au pays entier les sacrifices indispensables pour en assurer l'achèvement, du moins faut-il que ceux qui usent de ces chemins paient à l'exploitant, État ou compagnie, une taxe qui suffise pour couvrir les dépenses d'exploitation et, autant que possible, l'intérêt des frais de construction.

Donc, à bien dire, l'intérêt du peuple, *pris dans son ensemble*, n'est pas que les tarifs soient abaissés au-dessous d'une juste rémunération; son intérêt, au contraire, c'est que les tarifs rémunérateurs soient maintenus, comme ils ont été calculés et fixés par la loi dans toutes les concessions faites aux compagnies.

4° Intérêt du commerce et de l'industrie.

Sous ce titre nous comprenons toutes les questions qui se rattachent aux abaissements et aux relèvements de tarifs, à l'égalité de traitement entre tous les expéditeurs, etc.

L'Exposé des motifs n'hésite pas à déclarer qu'il n'y a pas d'autorité ni de loi qui puisse empêcher une compagnie de favoriser qui elle veut, de ruiner telle ou telle industrie, telle ou telle localité.

Nous nous contentons de répondre par l'exemple de l'Angleterre, des États-Unis, de la France, des chemins de fer d'Orléans et du Centre en particulier.

Combien de plaintes ont-elles été portées devant l'administration publique ? — combien devant les tribunaux ?

La loi n'a-t-elle pas tout prévu, tout réglé, quand elle a posé le grand principe d'égalité, quand elle a confié le soin d'en assurer l'application, d'abord à l'administration publique et à tous ses fonctionnaires, ensuite aux tribunaux ordinaires, dans certains cas même aux tribunaux correctionnels, enfin, à l'intérêt privé toutes les fois qu'il est lésé ?

N'a-t-elle pas prévenu tous les abus, quand elle a imposé des délais de trois mois et d'un an pour les relèvements de tarifs ?

On présente l'exploitation par l'Etat comme plus avantageuse au public.

Mais il est permis de révoquer cette assertion en doute, quand on connaît la lenteur et la raideur des formes de l'administration.

Aujourd'hui les compagnies et leurs agents sont soumis à la surveillance, au contrôle incessant de l'administration et de ses fonctionnaires.

Qui surveillera l'administration publique et ses agents ?

S'il est commis une faute légère, une infraction quelconque à la loi sur la police des chemins de fer, l'auteur de cette infraction est traduit aujourd'hui devant les tribunaux correctionnels, et il est condamné sans qu'il lui soit permis de discuter ni la question intentionnelle ni les ordres supérieurs qu'il a reçus.

Si un malheur arrive, si un voyageur est blessé, les tribunaux correctionnels sont maintenant ouverts aux intéressés.

Y gagneront-ils beaucoup quand ils ne pourront plus recourir à ces tribunaux qu'avec l'autorisation du conseil d'État ?

Avant d'enlever l'administration des chemins de fer aux Compagnies dans l'intérêt prétendu du principe démocratique, l'Assemblée nationale se posera toutes ces questions d'intérêt pratique et journalier pour tout voyageur et expéditeur par cette voie.

Lorsqu'elle aura pesé dans sa sagesse les avantages et les inconvénients des deux systèmes, elle arrivera sans aucun doute à la même conviction que tous ceux qui ont dû les juger depuis dix ans. Elle écartera le système de l'exploitation par l'État, comme le plus mauvais dans l'intérêt bien entendu des voyageurs et des commerçants.

5° Reste un dernier intérêt qu'on peut appeler intérêt d'ordre public et de police au point de vue de l'administration intérieure des compagnies.

Pour ce qui concerne les embarras financiers, voici notre réponse aux préoccupations de M. le ministre des finances.

En ce qui concerne la Compagnie du Centre, cette compagnie n'a éprouvé jusqu'à présent aucun embarras de ce genre. — Ce qui lui reste à appeler sur son capital, correspond précisément aux dépenses qu'elle aura à faire pour la pose de la voie et pour les accessoires s'appliquant à la dernière section que l'Etat commence aujourd'hui, et qu'il ne lui livrera pas avant dix-huit mois.

Rien au point de vue financier ne s'oppose donc à ce que la compagnie du Centre reste chargée de la pose de la voie et de l'exploitation du chemin.

Quant à la Compagnie d'Orléans, ses embarras momentanés n'ont eu d'autre cause que l'excellence même de sa position et de son crédit.

Elle doit 9,000,000 fr. environ, dont 6,600,000 fr. en Bons à échéance fixe.

Au plus fort de la crise, elle a offert à ses créanciers et à ses actionnaires des arrangements qui, nous croyons pouvoir l'affirmer sans crainte d'être démentis, auraient été acceptés avec empressement, si tout arrangement n'avait pas été rendu impossible par la menace de la reprise des chemins de fer par l'État.

Ce que nous croyons pouvoir affirmer aussi, c'est que du jour où l'existence de la Compagnie ne sera plus mise en doute, où sa liberté d'action lui sera rendue avec la part de protection que l'État doit à tout citoyen et à toute propriété, où, la paix et la confiance publiques étant rétablies, une opération de crédit deviendra possible sur la place de Paris, ce jour-là la Compagnie d'Orléans, qui n'a reculé et ne reculera devant aucun sacrifice pour faire honneur à ses engagements, sera assurée de consolider sa dette, comme elle y est dès à présent autorisée, en présentant aux preneurs de ses obligations nouvelles la garantie de son produit net, lequel en 1847, s'est élevé à 5,384,000 fr., et sera toujours plus que suffisant pour couvrir les intérêts et l'amortissement de ses emprunts.

Pour la Compagnie d'Orléans, donc, les embarras financiers sont dans la crise générale, et non dans les difficultés de sa propre situation. Ils disparaîtront par conséquent pour elle aussitôt que la crise générale aura perdu de son intensité.

Quant aux embarras qui se sont manifestés dans l'intérieur même du service, comment donc M. le ministre des finances a-t-il bien pu les imputer à la gestion des compagnies? Comment a-t-il pu les attribuer à un *mauvais vouloir opiniâtre* dirigé contre elles personnellement?

Les difficultés ont commencé, comme partout, par des réclamations sur le nombre d'heures de travail et sur la fixation des salaires; mais le Conseil n'a pas hésité à faire les plus larges concessions possibles sur ces deux points.

Un moment cependant est venu où le renvoi de certains chefs, qui méritaient, on peut bien le dire, la confiance de leurs subordonnés aussi bien que celle du conseil d'administration, a été demandé avec tant d'insistance que l'on a pu craindre de voir, en cas de refus, suspendre tout-à-coup le service public.

C'est à ce moment que l'autorité a été avertie de ce qui se passait, du refus du conseil et de l'interruption qui pouvait en être la conséqnence.

La pensée du séquestre se présenta la première à M. le ministre des travaux pu-blics. Elle fut repoussée au nom de la Compagnie comme inutile au but qu'il s'agissait d'atteindre et comme dangereuse à plus d'un titre.

Un décret du Gouvernement provisoire, du 30 mars dernier, nomma deux com-missaires extraordinaires autorisés à prendre toutes les mesures qu'ils jugeraient convenables pour assurer l'exploitation et la libre circulation sur les deux chemins de fer d'Orléans et du Centre.

Le Conseil avait la confiance que cette mesure suffirait pour le rétablissement de la subordination et de l'ordre; il n'en fut malheureusement pas ainsi.

Cinq jours plus tard, M. le ministre des travaux publics revint à son idée première, et, par décret du 4 avril, le séquestre fut mis, nonobstant les observa-tions du Conseil, sur les deux chemins d'Orléans et du Centre.

Nous devons répéter ici, devant l'Assemblée nationale, ce que le conseil d'administration s'empressa de déclarer à M. le ministre des travaux publics par lettre en date du 6 avril 1848, c'est que le séquestre ne devait rien ajouter à l'autorité du Gouvernement, et qu'il pouvait affaiblir sensiblement l'autorité de la Compagnie.

Le séquestre a été maintenu néanmoins jusqu'à ce jour, et il a mis, nous le croyons, M. le ministre des travaux publics à même de reconnaître que les diffi-cultés de la situation tiennent à des causes générales, toutes de circonstance, et complétement étrangères à l'administration de la Compagnie.

Quand la question de l'organisation du travail, soulevée et mise à l'étude par le gouvernement lui-même, aura reçu une solution satisfaisante, une solution pra-tique, qui concilie les droits et les devoirs réciproques de chacun, quand la paix sera rendue aux ateliers nationaux et particuliers, nous en avons la confiance, il ne restera rien dans les Compagnies d'Orléans et du Centre de *ce mauvais vouloir opiniâtre* que M. le ministre des finances suppose à tort exister parmi les employés contre l'administration.

Cette dernière question au surplus, nous nous permettons de le dire en termi-nant, est du ressort exclusif de M. le ministre des travaux publics. C'est lui qui a fait prononcer le séquestre sous sa responsabilité. C'est lui qui le fera lever quand il ne le jugera plus nécessaire. On peut s'en rapporter à sa prudence. En attendant, le service public ne périclite pas, puisqu'il est assuré par les hommes honorables, expérimentés, consciencieux, chargés d'administrer et de surveiller l'exploita-tion pendant la durée du séquestre.

Les embarras survenus dans le personnel de la Compagnie ne peuvent donc pas plus que les embarras survenus dans ses finances, motiver l'adoption du projet de loi.

Sous aucun rapport donc l'utilité publique n'existerait pour justifier l'expropriation, si une concession comme celles des chemins de fer d'Orléans et du Centre était susceptible d'expropriation.

Ce que l'utilité publique demande, au point de vue des intérêts généraux du pays, c'est que les grands travaux et les grands services ne soient pas suspendus.

Mais, pour atteindre ce but, il y a d'autres moyens moins violents et plus efficaces que ceux proposés par M. le ministre des finances.

Il y a des chemins de fer depuis longtemps achevés. L'exploitation de ces chemins par les compagnies doit être maintenue et protégée, non seulement dans l'intérêt privé, mais encore dans l'intérêt public.

Il y a des chemins de fer en partie exploités, en partie non achevés, mais à la veille de l'être. Il faut que tous les moyens soient mis en œuvre, de concert entre l'État et les compagnies, pour que les travaux restant à faire soient poussés avec activité.

Il y a, enfin, des chemins de fer dont l'exécution est si peu avancée, que les compagnies concessionnaires reconnaissent l'impossibilité où elles sont de les terminer. Pour ceux-là il faut de deux choses l'une : ou bien résilier les concessions en traitant les actionnaires à demi ruinés comme des bailleurs de fonds qui, sur la foi publique, ont prêté leurs capitaux pour des travaux exécutés en définitive pour compte de l'Etat; ou bien venir en aide aux concessionnaires, comme cela est arrivé déjà dans d'autres circonstances moins difficiles, afin qu'ils puissent reprendre et achever leur œuvre.

Ces trois solutions se résument dans trois idées principales :

Conserver, protéger ce qui existe et peut continuer d'exister ;

Encourager, aider ce qui n'a besoin que d'aide et d'encouragement ;

Reconstituer enfin sur des bases nouvelles ce qui ne peut s'achever dans les conditions du premier contrat.

Mais tout cela suppose qu'on écarterait d'abord le principe absolu du projet de loi, qui est la reprise de tous les chemins de fer par l'État ;

Qu'on traiterait chaque compagnie et chaque chemin de fer suivant sa position ;

Qu'on procéderait par voie de convention nouvelle et d'après les règles du droit commun.

RÉSUMÉ.

En résumé, nous avons démontré :

Que le projet de loi présenté violerait la plus respectable de toutes les propriétés ;

Qu'il violerait le contrat et la loi sur lesquels cette propriété repose ;

Que la concession des chemins d'Orléans et du Centre ne peut pas être revoquée pour raison d'inaliénabilité domaniale ; qu'elle ne peut pas non plus être l'objet d'une expropriation pour cause d'utilité publique, — parce que ces chemins appartiennent au domaine public, — parce que la reprise du service des transports par l'État ne présente aucun caractère véritable d'utilité.

Le projet de loi présenté doit donc être repoussé par l'Assemblée nationale, comme contraire à tous les principes de droit, comme destructif de toute confiance et de tout crédit.

Indépendamment de ces hautes considérations qui le condamnent, ce projet devrait encore être repoussé comme injuste dans ses moyens d'exécution pratique, par la simple comparaison de la base qu'il propose, avec la base consacrée par la loi de concession pour la fixation de l'indemnité, par le rapprochement de la rente offerte et du produit net obtenu.

Ce produit net, pour ce qui concerne les Compagnies d'Orléans et du Centre, est établi dans les comptes rendus aux actionnaires, comptes imprimés, publiés, et dont il est impossible de contester sérieusement la vérité.

Les délégués des actionnaires des deux Compagnies d'Orléans et du Centre demandent, en résumé, le rejet, pour ce qui les concerne, du projet de loi présenté.

Pleins de confiance dans la sagesse et dans la justice de l'Assemblée nationale, ils mettent sous sa protection leur propriété et les contrats sur sur lesquels elle repose.

Paris, le 31 mai 1848.

Les Délégués des actionnaires du Chemin de fer d'Orléans.		*Les Délégués des actionnaires du Chemin de fer du Centre.*	
BARTHOLONY.	MAGNANT.	BARTHOLONY.	LAVALLÉE.
BOUSQUET.	DE MASSAS.	BOUSQUET.	C. LECONTE.
BLONDEL.	MONTERNAULT.	FOUCHER.	MARC.
DUBOST.	MARC.	FOY (Alphonse).	POMPÉE.
ESQUIROL.	A. REVENAZ.	G. DE FOUGÈRES,	A. REVENAZ
FOUCHER.	DE SÉGUR.	GODIN.	DE SÉGUR,
G. DE FOUGÈRES.		MAX. KÖNIGSWARTER.	

ANNEXES.

Copie de la lettre adressée par le Directeur de la Compagnie du chemin de fer de Paris à Orléans à M. Reynaud, commissaire du Gouvernement, le 7 septembre 1844.

Monsieur,

En exécution de l'ordonnance royale du 20 octobre 1843, notre Compagnie a fait dresser le compte général de ses frais de premier établissement au 29 février dernier, époque à laquelle ont été closes les écritures de l'exercice 1844.

J'ai, en conséquence, l'honneur de vous prier d'en informer M. le ministre des travaux publics en lui demandant de vouloir bien nommer, de concert avec M. le ministre des finances, la commission spéciale à l'examen de laquelle devront être livrés les comptes et toutes les pièces à l'appui.

Veuillez agréer, Monsieur, l'assurance, etc.

Signé : BANÈS.

Copie de la lettre adressée par le Directeur de la Compagnie du chemin de fer de Paris à Orléans à MM. les Ministres des travaux publics et des finances le 9 novembre 1847.

Monsieur le Ministre,

Aux termes de l'ordonnance royale du 20 octobre 1843, les comptes de premier établissement de la Compagnie du chemin de fer de Paris à Orléans et les pièces à l'appui doivent être soumis à l'examen d'une commission spéciale nommée de concert par MM. les Ministres des travaux publics et des finances.

Le 7 septembre dernier, nous avons averti M. le commissaire du Gouvernement près la Compagnie, que ce compte et toutes les pièces à l'appui étaient à sa disposition ; nous l'avons invité en même temps à vous en informer.

Pressés par le temps qui s'écoule rapidement et par la nécessité de présenter à la prochaine Assemblée générale nos comptes revêtus de la sanction administrative, nous prenons la liberté, Monsieur le Ministre, de nous adresser directement à vous et de vous prier de vouloir bien vous concerter avec votre collègue pour que l'examen que nous provoquons ait lieu le plus tôt possible.

J'ai l'honneur, etc.

Le Directeur de la Compagnie, chargé de la Comptabilité,
Signé : BANÈS.

Extrait du Rapport du Conseil d'administration à l'assemblée générale des Actionnaires, du 29 mars 1845.

VÉRIFICATION DES COMPTES.

Nous vous avons annoncé qu'aux termes de l'ordonnance du 20 octobre 1843, nos comptes de premier établissement devaient être soumis à une commission administrative qui serait chargée d'en faire l'apurement.

Dès le mois d'août 1844, nous avons informé le gouvernement que notre comptabilité était prête, et que nous nous trouvions en mesure de fournir toutes les pièces justificatives des dépenses.

Nous regrettons d'avoir à vous dire que la commission qui doit procéder à cet examen n'est pas encore nommée, malgré des instances réitérées de notre part. Ce retard, sans doute inexplicable pour vous, tient à des difficultés qu'il n'est pas en notre pouvoir de faire disparaître; car telles sont les prétentions manifestées que nous ne pourrions y déférer, sans astreindre la Compagnie à des obligations que ni la loi, ni le cahier des charges, ne nous ont imposées. Dans l'intérêt des actionnaires que nous représentons, nous avons dû résister. Espérons que l'administration publique finira par reconnaître qu'autant il est légitime d'exiger des Compagnies l'entier accomplissement des engagements consignés dans leur charte, autant il serait irrégulier de vouloir, après coup, et par des interprétations arbitraires, ajouter à ce qu'il y a d'onéreux pour elles dans les stipulations du contrat primitif.

En attendant, cette circonstance est un motif de plus pour que nous insistions auprès de vous, cette année, sur l'invitation que nous vous avions adressée l'année dernière, et à laquelle alors vous ne crûtes pas devoir donner suite. Il est indispensable qu'une commission soit nommée dans le sein même de cette assemblée, à l'effet d'examiner tous les détails de la comptabilité de premier établissement. Les comptes de 1844 lui seront également soumis avec tous les documents à l'appui, et elle pourra vous présenter un rapport complet lors de la plus prochaine réunion.

Vous devez comprendre, messieurs, que le contrôle du gouvernement ne s'étant pas exercé jusqu'ici par des causes indépendantes de votre volonté, notre conseil d'administration a d'autant plus besoin d'obtenir votre approbation *motivée* sur cette partie importante de sa gestion.

NOTICE

Sur les motifs et les conséquences de la décision de l'Assemblée générale du 8 mars 1847, qui a établi, d'une part, l'égale répartition des charges de l'amortissement sur toutes les années de la concession; d'autre part, un fonds de renouvellement de la voie et du matériel.

La Compagnie, aux termes de la loi du 15 juillet 1840, doit amortir, par un prélèvement de 1 pour cent, en quarante-six ans et 324 jours, son capital social et le montant de son premier emprunt, ensemble 54,400,000 fr.

La durée de la concession étant de 99 ans, les porteurs d'actions pendant la première moitié de la concession supportent, au profit de leurs successeurs, une charge dont ceux-ci seront affranchis à partir de la 47ᵉ année. — La surcharge qui pèse sur les premiers est de 394,554 fr. par an.

La Compagnie, obligée envers l'État, et en raison de la garantie d'intérêt, à opérer son amortissement intégral dans la première moitié de la concession, a pris les dispositions nécessaires pour que cet engagement fût religieusement rempli dans le temps fixé; mais, voulant autant que possible en revenir à l'égale répartition de cette charge entre les porteurs des diverses époques, elle a décidé que les frais de renouvellement de la voie, des édifices et du matériel seraient, dans la limite de 391,552 fr. par an, couverts par des emprunts dont l'amortissement commencerait au moment même où finira l'amortissement du capital social et du premier emprunt, c'est à-dire à l'expiration des 47 premières années.

Par suite, on porte chaque année au crédit de ce compte de renouvellement une somme de 391,552 fr., et au débit toutes les sommes qui sont payées pour des dépenses de renouvellement, exactement et rigoureusement définies dans la Décision.

Cette mesure a reçu son exécution à partir de 1844, point de départ pour le calcul des 99 années de concession.

Il a été porté au débit du compte de renouvellement en principal et intérêts à 3,2227 pour 100 l'an.

En 1844.	134,077 fr.	82 c.
En 1845.	49,269	99
En 1846.	126,666	08
En 1847.	210,745	56
Total.	520,759	45 c.

Tandis que pendant les mêmes quatre années, il était porté au crédit de ce compte quatre fois 391,552 f., soit. . . . . 1,566,208 fr. » c.

Plus pour intérêts au même taux . . . . 77,350 — 96

1,643,558 — 96

Si de ce chiffre on déduit les sommes dépensées comme ci-dessus, ... 520,759 — 45

On trouve une différence active en réserve de . . . . 1,122,799 — 51

Pour l'exécution de la mesure, le Conseil avait été autorisé, dans l'assemblée générale du 8 mars 1847, à emprunter et à dépenser, à la charge du fonds de renouvellement, jusqu'à concurrence de 1,643,559 fr.

On voit par ce qui précède que, loin d'abuser de cette autorisation, il n'est pas même arrivé au *tiers* du chiffre qu'il pouvait atteindre

Les rapports de la commission de vérification attestent, et la vérification officielle sollicitée par la Compagnie prouverait jusqu'à l'évidence que toutes les dépenses portées à la charge de ce compte devaient par leur nature y être portées en exécution de l'article 3 de la Décision du 8 mars.

Protestation adressée à M. le Ministre des travaux publics, par les Compagnies d'Orléans et du Centre, à l'occasion du décret établissant le séquestre.

Paris, le 6 avril 1848.

Monsieur le Ministre,

Les conseils d'administration des chemins de fer d'Orléans et du Centre, forcés de se soumettre au décret qui vient de placer sous le séquestre ces deux chemins de fer, doivent vous exprimer le vif regret de cette mesure, qui est de nature à alarmer profondément les porteurs de leurs actions, leurs créanciers et tous les propriétaires de valeurs du même genre.

Chargés d'un service public, les Conseils d'administration avaient demandé au gouvernement protection contre un désordre que les circonstances leur avaient ôté le pouvoir de réprimer. Le décret du 30 mars leur avait paru suffisant pour résoudre la seule difficulté subsistante qui pût motiver l'introduction de mesures extraordinaires.

Vous en avez pensé autrement; le gouvernement a rendu un décret qui met sous le séquestre, non seulement l'exploitation, mais l'administration entière des chemins de fer d'Orléans et du Centre. Nous devons protester contre cet acte dont nous ne comprenons pas la nécessité.

Le désespoir et l'effroi de nos actionnaires et des porteurs de nos titres, nous oblige à vous demander de hâter autant que possible la fin de cette situation, si contraire à tous les intérêts que nous étions chargés d'administrer.

Agréez, Monsieur le Ministre, l'assurance de notre respect.

Pour les Conseils d'administration,

Le président.

BARTHOLONY.

Protestation des Actionnaires du Chemin de fer de Paris à Orléans, contre le projet de loi de reprise des Chemins de fer par l'État.

Les actionnaires de la Compagnie d'Orléans, réunis en assemblée extraordinaire,

Considérant que la Compagnie s'est formée, non dans un intérêt isolé et de spéculation, mais pour relever, avec la garantie de l'État, l'esprit d'association en France, pour y multiplier les grands travaux et assurer l'avenir des chemins de fer;

Que c'est en présence de l'impossibilité reconnue par le Gouvernement lui-même d'exécuter le chemin de fer de Paris à Orléans, que la construction de ce chemin a été confiée définitivement à la Compagnie par la loi du 15 juillet 1840;

Considérant que cette loi constitue un contrat solennel, un pacte sacré, inviolable, qui oblige l'État envers les actionnaires dont les capitaux ont assuré l'achèvement de l'entreprise;

Considérant que l'art. 43 du cahier des charges, annexé à la loi du 15 juillet 1840, a irrévocablement fixé les délais et les conditions du rachat du chemin par l'État;

Que, la Compagnie ayant accompli ses obligations, toute dépossession imposée en dehors des conditions de la loi ne serait, de quelque manière qu'on la présente, qu'une spoliation indigne de la France, en qui les actionnaires, nationaux et étrangers, avaient eu foi;

Que cette dépossession serait plus injustifiable encore, si elle avait seulement pour but de faire passer entre les mains de l'État les revenus présents et à venir assurés par le contrat à la Compagnie; — si le Gouvernement la motivait, ou sur le besoin de procurer du travail aux ouvriers lorsque la construction est achevée depuis longtemps, ou sur le besoin de mettre un terme aux embarras momentanés de l'exploitation lorsqu'ils ont pour cause les embarras mêmes du Trésor, le renversement du crédit, et le défaut d'une protection suffisante de la part de l'autorité;

Protestent hautement contre le projet de loi, contre les doctrines qui l'appuient, et contre toute mesure qui serait prise en violation de leur droit.

Pleins de confiance dans la justice de l'Assemblée nationale, ils placent sous l'égide de la loi du 15 juillet 1840 leur propriété et la loyale exécution du contrat.

Paris, le 23 mai 1848.

Les délégués des actionnaires :

F. BARTHOLONY, BOUSQUET, BLONDEL, DUBOST, ESQUIROL. FOUCHER, G. DE FOUGÈRES, MAGNANT, DE MASSAS, MONTERNAULT, MARC, A. RAVENAZ, DE SÉGUR.

*Protestation des actionnaires du Chemin de fer du Centre contre le projet de loi
de reprise des Chemins de fer par l'État.*

Les soussignés, délégués des actionnaires de la Compagnie du Chemin de fer du Centre réunis en assemblée extraordinaire,

Vu le projet de loi présenté par la Commission du pouvoir exécutif à l'Assemblée nationale, le 17 mai présent mois, et inséré au *Moniteur* du 19, lequel a pour objet d'enlever la possession des Chemins de fer concédés, et notamment du chemin de fer du Centre, aux Compagnies qui en sont concessionnaires pour l'attribuer à l'État, au mépris des contrats et des lois sur lesquels ces concessions reposent ;

Considérant que la propriété est sacrée, et que nul ne peut en être dépouillé, même pour cause d'utilité publique, autrement qu'en vertu et en conformité de la loi ;

Considérant que la concession du Chemin de fer du Centre à la société anonyme qui l'exploite, telle que cette concession résulte de la loi du 26 juillet 1844 et du cahier des charges y annexé, constitue une propriété pour tous et pour chacun des membres de cette Société ;

Considérant que cette propriété repose, non pas seulement sur la loi précitée, mais encore sur le contrat intervenu entre l'État et la Société en exécution de cette loi, contrat résultant d'une adjudication publique, approuvée par ordonnance royale conformément à la loi ;

Considérant que les contrats sont inviolables, et que, si une loi peut être anéantie par une loi, un contrat ne peut être modifié que par un contrat, c'est-à-dire par la volonté de tous les intéressés ;

Considérant, d'ailleurs, que la propriété concédée a été concédée, non à titre gratuit, mais à titre onéreux ; non à perpétuité, mais pour un temps limité, d'abord par la loi, ensuite par le contrat, à trente-neuf ans et onze mois ;

Considérant que la faculté de reprise a été réservée en faveur de l'État sous certaines conditions qui ont été fixées par l'art. 32 du cahier des charges ;

Considérant que le projet de loi sus-mentionné aurait pour résultat : *Premièrement,* d'anticiper sur l'époque fixée par le contrat et par la loi pour la reprise du chemin de fer ; *secondement,* d'enlever à tous ceux qui, sous la foi publique, sont entrés dans la Société, les avantages futurs et les avantages présents en vue desquels ils y sont entrés ;

Considérant, d'ailleurs, que pour le Chemin de fer du Centre, on ne peut alléguer comme raison d'utilité publique, le besoin par l'État de donner du travail aux ouvriers, puisque les seuls travaux à terminer sur une longueur de 30 kil. sont déjà entre les mains de l'État chargé de les exécuter, et que ces travaux commencés il y a un mois à peine, ne peuvent être achevés avant un délai de dix-huit mois ;

Déclarent protester de tout leur pouvoir contre le projet de loi sus-mentionné, comme contraire au droit public, au respect des contrats et de la propriété, et en demandent, pour ce qui les concerne, le rejet à l'Assemblée nationale, dont ils invoquent avec confiance la protection et la justice.

Paris, le 23 mai 1848.

Les délégués des actionnaires :

BARTHOLONY, FOUCHER, FOY (Alphonse), G. DE FOUGÈRES, KŒNIGSWARTER, LAVALLÉE,
C. LECONTE, MARC, POMPÉE, A. REVENAZ, DE SÉGUR.

IMPRIMERIE CENTRALE DE NAPOLÉON CHAIX ET Cie, RUE BERGÈRE, 8.

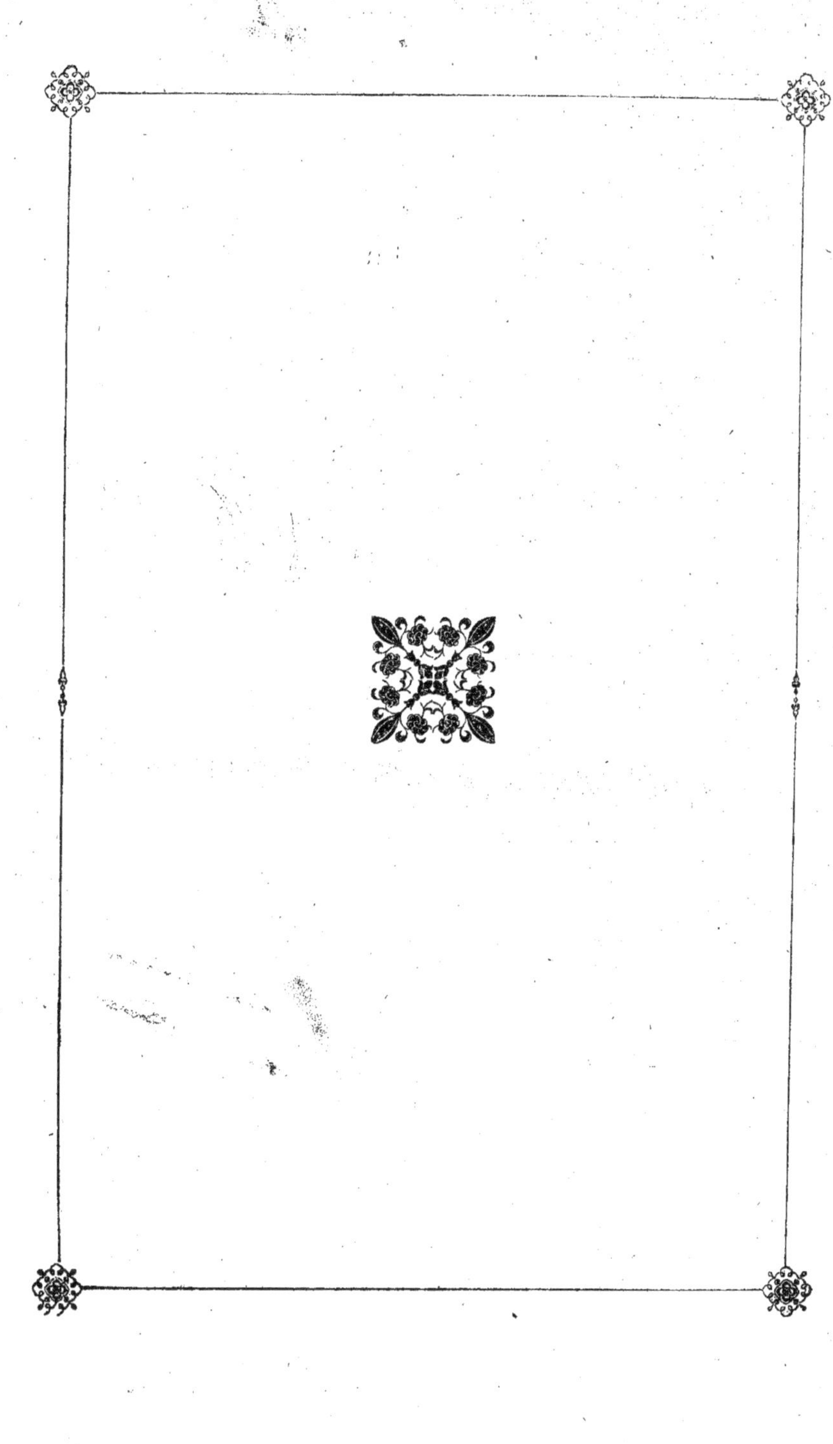